GEÇMİŞTEN GÜNÜMÜZE

TUZ

Heidi Moore

Çeviri: Evra Günhan Şenol

TÜBİTAK
POPÜLER BİLİM KİTAPLARI

TÜBİTAK Popüler Bilim Kitapları 880

Geçmişten Günümüze - Tuz
True Stories - The Story Behind Salt
Heidi Moore
Tasarım: Philippa Jenkins ve Artistix
Resimleyen: Gary Slater/Specs Art
Görsel Araştırma: Mica Brancic ve Elaine Willis

Çeviri: Evra Günhan Şenol
Redaksiyon: Nihal Demirkol Azak
Türkçe Metnin Bilimsel Danışmanı: Prof. Dr. Aytekin Çökelez
Tashih: Simge Konu Ünsal

TÜBİTAK Popüler Bilim Kitapları'nın seçimi ve değerlendirilmesi
TÜBİTAK Kitaplar Yayın Danışma Kurulu tarafından yapılmaktadır.

ISBN 978 - 605 - 312 - 089 - 6

Yayıncı Sertifika No: 15368

1. Basım Aralık 2017 (5000 adet)

Genel Yayın Yönetmeni: Mehmet Batar
Mali Koordinatör: Kemal Tan
Telif İşleri Sorumlusu: Zeynep Çanakcı

Yayıma Hazırlayan: Özlem Köroğlu
Grafik Tasarım Sorumlusu: Elnârâ Ahmetzâde
Sayfa Düzeni: Ekin Dirik
Basım İzleme: Özbey Ayrım - Adem Yalçın

TÜBİTAK
Kitaplar Müdürlüğü
Akay Caddesi No: 6 Bakanlıklar Ankara
Tel: (312) 298 96 51 Faks: (312) 428 32 40
e-posta: kitap@tubitak.gov.tr
esatis.tubitak.gov.tr

Başak Matbaacılık ve Tanıtım Hizmetleri Ltd. Şti.
Macun Mahallesi Anadolu Bulvarı No: 5/15 Gimat Yenimahalle Ankara
Tel: (312) 397 16 17 Faks: (312) 397 03 07 Sertifika No: 12689

İçindekiler

Kalın yazılan sözcüklerin anlamını
30. sayfadaki sözlükte bulabilirsiniz.

Dünyadan Tuz

▲ İster iri taneli ister ince taneli olsun tuz pek çok yerde kullanılır.

Günümüzde çoğu insan tuzun yemekleri tatlandırmak için kullanılan bir şey olduğunu düşünür. Ama tuz bundan çok daha fazlasıdır! Tuzun yüzlerce kullanım alanı vardır. Tuz; dondurma yapımında, giysilerdeki lekeleri çıkarmakta ve çiçek buketlerinin daha uzun süre taze kalmasını sağlamakta kullanılır. Ayrıca boğaz ağrısını tedavi etmekte, yollardaki buzu eritmekte ve sabun yapımında da kullanılabilir. İnsanların yaşamak için tuza ihtiyacı vardır.

Bu basit madde insanlık tarihinde önemli bir rol oynadı. Tuz **ticaret**i birçok ülkenin ve şehrin büyümesini sağladı. Tuz savaşa neden olan etkenler arasında yer aldı. Bir **devrim**in başlamasına yardımcı oldu! İnsanlara yöneticilerini devirme konusunda ilham verdi.

Tuz masalları

Eski bir halk öyküsünde, bir kral üç kızına kendisini ne kadar sevdiklerini sorar. Kızlardan ilk ikisi babalarına kendisini ülkelerindeki en güzel şeylerden daha çok sevdiklerini söylerler. Üçüncü kız ise babasına "Seni tuz kadar seviyorum," der. Bu, kralı kızdırır ve kızını krallıktan kovar. Daha sonra kralın aşçısı ona tuzsuz bir yemek sunar. Yemek o kadar lezzetsizdir ki kral yemeği ağzına bile süremez. Kral ansızın tuzun kıymetini ve kızının onu ne kadar sevdiğini anlar. Tuz kadar sevilmek aslında çok büyük bir iltifattır!

▼ Bu Japon sumo güreşçisi maça çıkmadan önce şans getirsin diye havaya tuz saçıyor.

Tuz Nedir?

▲ Bu fotoğraf tuz kristallerinin şeklini göstermek için kat kat büyütülmüştür.

Birçok tuz türü vardır. Çoğu zaman insanlar tuzdan bahsettiklerinde kast ettikleri sofra tuzudur. Sofra tuzunun bilimsel ismi sodyum klorürdür.

Sodyum tek başına iken nemle temas ettiğinde patlayan bir metaldir. Klorür ise tek başına bulunduğunda zehirli bir gazdır. Ancak birleştiklerinde hem insanların hem de hayvanların yaşamak için ihtiyaç duydukları bir maddeye, yani tuza dönüşürler.

Tuz aynı zamanda bir **mineral**dir. Mineraller doğada bulunur. Mineral birçok **kristal**den oluşan katı bir maddedir. Kristaller belli bir düzende, tekrar eden bir örüntü oluşturan küçük parçalardan oluşur.

Tuz Türleri

İki temel tuz türü vardır.

Deniz tuzu

Deniz tuzu, deniz suyunda bulunur. Deniz suyu buharlaştığında tuz kristalleri oluşur. Deniz tuzunun taneleri ince ya da **iri** (kalın) olabilir. Bu tuz çoğu zaman küçük miktarlarda başka mineraller de içerir.

Kaya tuzu

Kaya tuzu, yer tabakasında bulunur. Tuzun bu hâline halit de denir. Halit, **buharlaşmış** (kurumuş) deniz ve göllerden geri kalan mineral yataklarında bulunabilir. Kaya tuzu deniz tuzundan daha saftır.

Bir deyim

İngilizcede birinden "dünyanın tuzu" diye bahsediliyorsa bu o kişinin iyi ve dürüst bir insan olduğu anlamına gelir.

◀ Sofra tuzu yiyecekleri tatlandırmak için kullanılır.

Deniz Tuzu

▲ Deniz suyu, tuzunun bir kısmını çok yavaş bir şekilde aşınan kayalardan alır.

Okyanusun neden tuzlu olduğunu hiç düşündünüz mü? Tuz, suda **çözünmüş** ya da parçalanıp dağılmış şeylerden gelir. Bu şeylerden bazıları kayalar, **mineraller** ve ölü balıklardır. Yağmur da karadaki tuzların bir kısmını okyanusa taşır. Bir su kütlesinin tuzluluk oranına tuz yoğunluğu denir. Tuz yoğunluğu belli bir su hacminin ne kadarının tuzdan oluştuğu ölçülerek hesaplanır. Okyanusun tuz yoğunluğu yüzde 3,4 ile 3,7 arasındadır.

Tatlı su tuzlu sudan çok daha az miktarda tuz içerir. Tatlı su, nehirler ve göllerin çoğunda bulunan su türüdür. Örneğin, 0,03 metre küp deniz suyu **buharlaştığı** zaman ardında 1 kilogram tuz bırakır. Ancak, Michigan Gölü gibi bir tatlı su gölünden alınacak 0,03 metre küp suda sadece 5 gram tuz bulunur.

Tuzlu gezegen

Dünya yüzeyinin yüzde 70'inden fazlası deniz suyu ile kaplıdır. Yeryüzündeki okyanuslarda bulunan tuzun tamamını Dünya üzerine yayabildiğinizi hayal edin. Böyle bir tuz tabakasının kalınlığı 152,4 metreden fazla olacaktır. Bu, yaklaşık 40 katlı bir binanın yüksekliğine denktir!

◀ Parmak şeklini andıran Michigan Gölü de dâhil olmak üzere ABD'de Büyük Göller olarak anılan göller topluluğunun hepsi tatlı su gölleridir. Sularında pek fazla tuz bulunmaz.

Lüks deniz tuzu

Günümüzde az bulunan, lüks deniz tuzları aşçılıkta kıymetlidir. Hawaii alaea deniz tuzu pembe rengini kırmızı kilden alır. Kıbrıs pul deniz tuzu benzersiz, piramit şekilli **kristallere** sahiptir. Bazı deniz tuzları yemeklere farklı bir lezzet katmak için tütsülenir. Dünyadaki en iyi restoranların bazıları yemeklerinde bu pahalı tuzları kullanır.

▲ Dünya'da tuzluluk oranı en yüksek olan su kütlesi Ölü Deniz'dir.

İçecek tek damla bile yok

Deniz sularının çoğu yüzde 2,5 ila yüzde 3,5 oranında tuz içerir. En tuzlu su kütlesi Ölü Deniz'dir. Bu denizin suyu yaklaşık yüzde 33 oranında tuz içerir. Ölü Deniz o kadar tuzludur ki suyunda balıklar yaşayamaz. Yaklaşık yüzde 10 oranında tuz içeren Aral Gölü tuzluluk oranı açısından dünyada ikincidir. Diğer tuz oranı yüksek denizler Kızıl Deniz ve Basra Körfezi'dir. Bu denizlerin her ikisinde de tuz oranı yüzde 4 civarındadır.

Deniz suyu içmek tehlikelidir. Deniz suyu içerseniz böbreklerinize dışarı atabileceklerinden çok daha fazla tuz gider. Eğer tatlı su içmezseniz bir süre sonra ölürsünüz. O yüzden, sahile giderken yanınızda mutlaka yeterli miktarda içme suyu bulundurun!

Suyun üzerinde kalmaya yardımcı

Tuzlu suyun bir faydası, batmadan su yüzeyinde durmanıza yardım etmesidir. Deniz suyundaki tuz yüzenleri suyun yüzeyinde tutar. Bunun nedeni deniz suyunun tatlı sudan daha yoğun olmasıdır. Tuzlu su insanları yüzeye iter.

Su, nereye baksan yalnızca su

İngiliz şair Samuel Taylor Coleridge'in "Yaşlı Gemici" adlı ünlü bir şiiri vardır. Bu şiirin bir dizesi "Su, nereye baksan yalnızca su, ama hiçbir yerde yok içecek bir damla," şeklindedir. Şiir denizde mahsur kalan bir balıkçı hakkındadır. Etrafı suyla çevrili olduğu hâlde, balıkçının içecek suyu yoktur.

▼ Bu insanlar Ölü Deniz'in tuzlu sularında kolayca su yüzeyinde kalabiliyor.

Kaya Tuzu

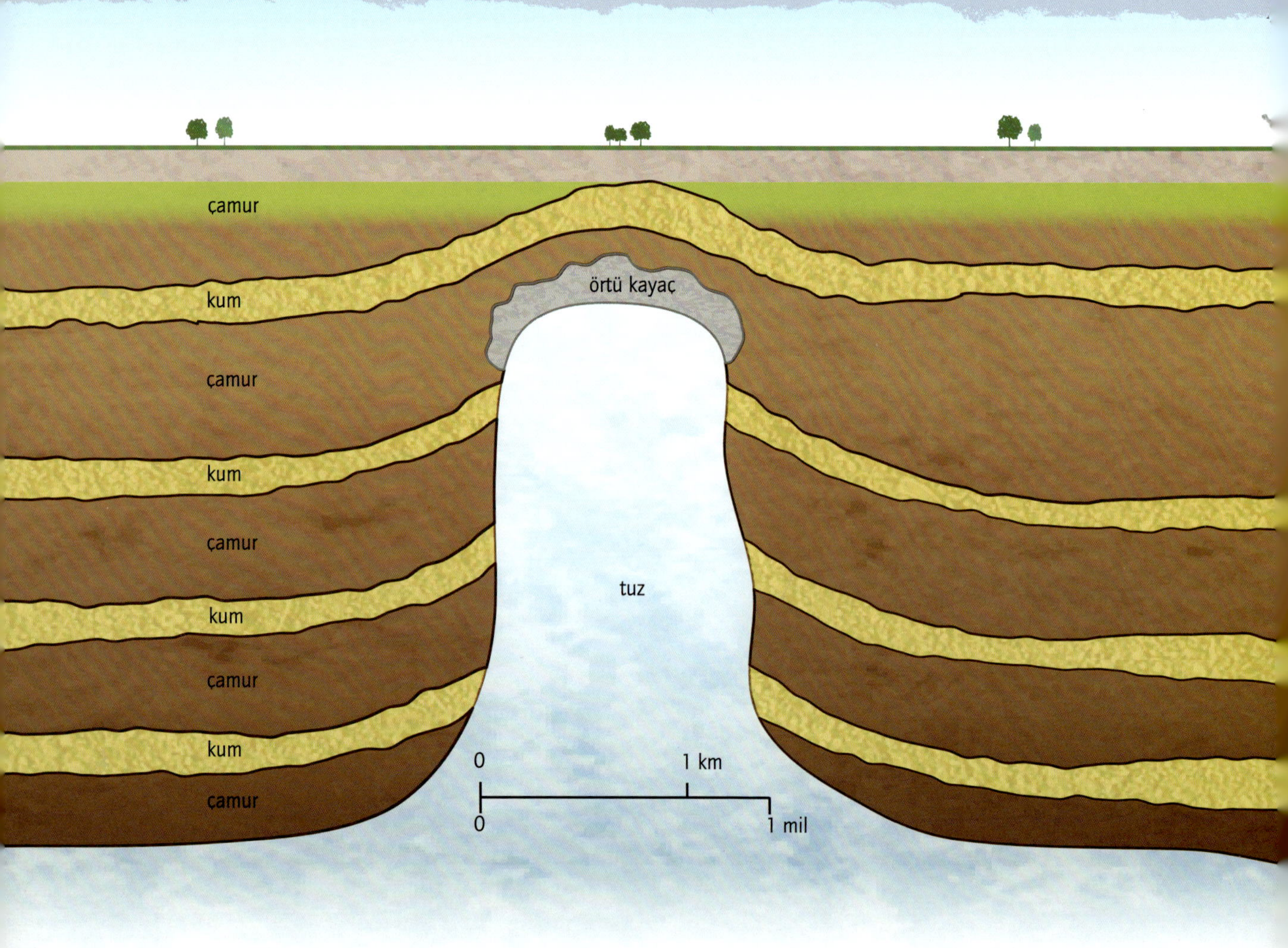

▲ Bu şema bir tuz tümseğini gösteriyor. Tuz, yolu örtü kayaç tarafından kesilene kadar, çamur ve kum katmanları arasından yukarı doğru itilmiştir.

Kaya tuzu, **buharlaşmış** göl ve deniz yataklarında birikir. Dünyanın dört bir yanında bu tür yataklar vardır.

Kaya tuzu ayrıca (şemadaki gibi) tuz tümseği olarak bilinen büyük tepeciklerde de bulunabilir. Bu tümsekler, dünyanın derinliklerinden gelen basınç büyük kaya tuzu **yataklarını** yukarı ittiğinde oluşur. Tuz tümseklerinin genişliği 1,6 kilometreyi bulabilir. Geniş tuz tümseklerine Almanya'da, Amerika Birleşik Devletleri'ndeki Meksika Körfezi boyunca, Louisiana ve çevresinde rastlanır. Küçük tuz tümseklerine tuz yastığı adı verilir.

İnsanlar bu tuz tümseklerinden tuz elde etmek için **madencilik** yöntemlerini kullanır. Ayrıca yüzeyden sondaj yapıp su yardımıyla tuzu eriterek de tuza erişirler. **Tuzlu su** diye adlandırılan bu sıvı daha sonra yüzeye pompalanır.

Tuz Şehri

Michigan eyaleti (ABD) sınırları içindeki Detroit şehrinin yaklaşık 335 metre altında devasa bir tuz mağarası vardır. Bazıları bu mağaraya "şehrin altındaki şehir" der. Bu koca tuz madeni 607 hektardan daha geniş bir alanı kaplar. Bu tuz madeni 100 yıldan uzun bir süredir işler durumdadır. Yollardaki buzlanmayı önlemede kullanılmak üzere her yıl on binlerce ton tuz sağlar. Bazı bölgelerde tuz katmanının kalınlığı 122 metreden fazladır.

Detroit tuz madeninin altında birçok başka devasa tuz yatağı da bulunur. Bazı uzmanlar bölgede yaklaşık 30.000 trilyon ton tuz olabileceğini düşünüyor. Bu miktar bütün dünyaya yıllar boyu tuz sağlamaya yeter!

▼ İtalya'daki bu maden gibi modern tuz madenlerinde kaya tuzunu çıkartmak için devasa makineler kullanılır.

Tuz ve buz

Kaya tuzu, deniz tuzundan daha **iri** tanelidir. Yemek pişirmede deniz tuzu kadar sık kullanılmaz. Ancak başka önemli kullanım alanları vardır. Kaya tuzu yollardaki buz ve karı eritmede ve pek çok şeyin yapımında kullanılır.

Kaldırım tuzu

Eğer kışların sert geçtiği bir yerde yaşıyorsanız insanların kaldırımlara ya da yollara tuz döktüğünü görmüş olabilirsiniz. Bunu yollar ve kaldırımlar buzlu ya da karlı olduğunda yaparlar. Tuz, buzun ve karın eritilmesine yardımcı olur.

▶ Bu kamyon kaygan yol yüzeyine tuz serpiyor. Böylece yol üzerinde yürümek ve araç kullanmak daha güvenli hâle geliyor.

Peki, bu erime nasıl oluyor? Tuzlu su, tatlı suya göre daha düşük bir sıcaklıkta donar. Tatlı su 0°C'de donar. Deniz suyu ise -2,2°C'de donar. Yani buza tuz eklenmesi, buzun donma noktasını düşürür. Bu da, buzu eritir ve yeniden donmasını engeller. Böylece yollar ve kaldırımlar daha güvenli hâle gelir; kayıp düşmekten kurtuluruz!

Buz gibi, nefis... kaya tuzlu dondurma!

Eskiden dondurma yapımında kaya tuzu kullanılırdı. Soğutucular kullanılmaya başlanmadan önce eski tip dondurma makinelerinde elle çevrilen bir kol ve buz küpleri kullanılarak dondurma yapılırdı.

Ancak dondurma karışımı sudan daha soğuk bir sıcaklıkta donar. Bu yüzden tek başına buz, dondurmanın donmasını sağlayamaz. Dondurma karışımını yeterince soğutmaz. Eriyen buza kaya tuzu eklenmesi, tek başına buzdan çok daha soğuk bir karışım elde edilmesini sağlar. Çok soğuk olan bu tuzlu su dondurma karışımının donmasına yardım eder. Kısa süre sonra dondurma hazır olur!

▶ Buzdolapları icat edilmeden önce dondurma yapımında tuz kullanılıyordu.

Tuz ve İnsan Vücudu

▲ Egzersiz yaparken terlediğinizde vücudunuzdan tuz atılır.

İnsan vücudu çalışmak için tuza ihtiyaç duyar. Tuz olmazsa vücudunuzdaki **hücreler** ölür. Tuz vücutta elektrolit görevi görür. Elektrolitler vücudun farklı bölgelerine elektrik akımı ileten kimyasallardır. Bu akımlar hücrelere ne yapmaları gerektiğini söyleyen mesajlar taşır. Akciğer hücrelerine nefes almanıza yardımcı olmalarını, kas hücrelerine ise vücudunuzu hareket ettirmelerini söylerler. Ayrıca **tansiyonunuzu** kontrol etmeye de yardımcı olurlar.

İnsan vücudu tuz üretemez. İnsanların tuzu yedikleri yiyeceklerden almaları gerekir. Eğer çok fazla tuz alırsanız, vücudunuz bu tuzu sıvılar yardımıyla dışarı atar. Eğer gözyaşınızın tadına baktıysanız tuzlu olduğunu bilirsiniz. Sıcak bir günde üst dudağınızı yaladıysanız onun da tuzlu olduğunu fark etmişsinizdir. Bunun nedeni hem gözyaşlarının hem de terin tuz içermesidir. İdrar (sıvı atık) da tuz içerir.

Günümüzde çoğu kişinin yeterince tuz alamamaktan endişe duymasına gerek yoktur. Birçok kişi gereğinden çok daha fazla tuz alır (bkz. sayfa 27).

Ne kadar tuz?

Yetişkin bir insanın vücudu yaklaşık 250 gram tuz içerir. Bu miktar üç ya da dört tuzluğu doldurmaya yeter!

Mineraller

İnsanlar demir ve kalsiyum gibi pek çok çeşit **mineral** alır. Bu mineralleri bir yerden hatırladınız mı? Eğer bir vitamin şişesinin üzerindeki etiketi okuduysanız tanıdık gelmiş olabilirler. Demir ve kalsiyum insanların yaşamak için ihtiyaç duyduğu minerallerden sadece ikisidir.

▼ Tuz da tıpkı demir ve kalsiyum gibi, vitamin haplarında bulunan bir tür mineraldir.

Tuz Ritüelleri

▲ Rusya'da tuz ve ekmek misafirlere verilen geleneksel hediyelerdir.

Tuz dünyanın dört bir yanında birçok ritüelde önemli bir rol oynamıştır. Bir zamanlar Fransa ve Almanya'da tuz düğünlerin önemli bir parçasıydı. Damat ve gelin doğurganlık sembolü olarak tuz taşırdı. Doğurganlık, çocuk sahibi olabilme yetisi anlamına gelir.

Başka ülkelerde, insanlar yeni bir eve giderken tuz götürür. Bunun o evde yaşayanlara iyi şans getireceğine inanırlar. Japonya'da evleri ve başka yerleri arındırmak için tuz kullanılır. Japonya'daki birçok kişi tuzun evi temizleyeceğine ve kötü ruhları uzaklaştıracağına inanır.

Bazen insanlar yanlışlıkla yere tuz döktükten sonra omuzlarının üzerinden arkaya doğru bir tutam tuz atar. Bu, kötü şansı uzaklaştırmak için yapılan bir harekettir. Bu hareket tuzun uzun zamandır önemli kabul edilmesinden gelmiş olabilir. İnsanlar muhtemelen tuz dökmeyi kötü şans getiren ya da dikkatsizliği gösteren bir şey olarak görüyordu.

Spa zamanı!

Günümüzde tuz genellikle başka bir ritüelin de parçasıdır. İnsanlar tuzu banyo yaparken kullanır! Birçok kişi tuzun cilde iyi geldiğine inanır ve banyo suyuna deniz tuzu ilave eder. Tuz, suyu yumuşatır ve cildin ipek gibi olmasını sağlar. Ciltlerindeki ölü deriyi soymak için tuz kullananlar da vardır.

Geçmişten bir esinti

Yaklaşık 2000 yıl önce Romalı **tarihçi** Flavius Josephus, Ölü Deniz tuzunun sağlığa faydalarıyla ilgili bir yazı yazar. Josephus yazısında "Ölü Deniz'in tuzunu ne kadar övsek azdır. Burayı ziyaret edenler, insan vücudunu iyileştirdiği ve birçok ilaçta kullanıldığı için yanlarında bu tuzdan götürür," der.

▼ Bazı kişiler sağlıklı, rahatlatıcı bir banyo için banyo suyuna tuz ekler.

Tarih Boyunca Tuz

▲ Hindistan'ın Mumbai şehrinde bir tuz tavasında çalışan işçiler tuzu tırmıkla çekerek topluyorlar.

Tuz çok uzun zamandır insan hayatının bir parçasıdır. Bilim insanları binlerce yıl öncesine ait **tuzlalar** bulmuştur. Tuzlalar, topraktan tuzun alındığı yerlerdir. En eski tuzlalardan biri Çin'de bulunmuştur. Bu tuzla günümüzden 8000 yıl önce kullanılıyordu.

Tuzlalar tarih boyunca çok önemli oldu. Tuzun kontrolü kimin elindeyse insanlar ve hayvanlar için düzenli bir tuz stoğuna sahipti. Zaman zaman insanlar tuzlaların kontrolünü ele geçirmek için birbiriyle savaştı.

MÖ 6000

Çin'in Shanxi tuzlasında işçiler tuz topluyor. Bir su kütlesinin yüzeyinden tuzu sürükleyip toplama yöntemi kullanılıyor. Okyanus suyunu çanaklara koyup kaynatma yöntemi de kullanılıyor.

MÖ 6000 MÖ 5000 MÖ 4000 MÖ 3000

Eski zamanlarda tuz toplama

Tuz toplamakta kullanılan ilk yöntemlerden biri sürükleme ve toplama yöntemiydi. İnsanlar önce güneşin bir gölü ya da başka bir su kütlesini ısıtmasını beklerdi. Suyun ısınması yüzeyinde tuz **kristallerinin** oluşmasına neden olurdu. Sonra da insanlar suyun yüzeyinde çanaklarını sürükleyerek tuzu toplardı.

Kullanılan başka bir yöntem ise okyanus suyunu kilden kaplar içinde toplamak ve bu kapları ateşin üzerine oturtmak şeklindeydi. Ateş, suyu kaynatıp buharlaştırınca geriye sadece tuz kalırdı. Üçüncü bir yöntem ise bir kuyu kazarak yer altından tuz çıkarmaktı. Bu kuyuda **tuzlu su** birikirdi. Bu kuyulara da tuzlu su kuyusu adı verilirdi.

Lideri izle

Milyonlarca yıl önce, ilk insanlar hayvanları takip ederek tuz bulurdu. Tuz yalaklarını, tuzlu su veya diğer tuz kaynaklarını bulmak için hayvanları izlerlerdi. Tuz yalağı, toprakta hayvanların yaladığı tuzlu noktalardır. İnsanların yaptıkları ilk yollar, tuz kaynaklarına giden hayvan patikaları üzerindeydi.

▼ Tuz hayvanların beslenmesinin önemli bir parçasıdır. Bu koçlar insan yapımı bir yolda buldukları tuzu yalıyor.

MÖ 250
Çin'de ilk tuzlu su kuyuları kullanılıyor.

MÖ 2000 | MÖ 1000 | 0 | MS 1000

Eski Mısır'da tuz

Tuz, Eski Mısır'da hayatın önemli bir parçasıydı. Mısır'da insanlar Nil Deltası'ndan elde ettikleri deniz suyunu **buharlaştırarak** tuz elde ediyorlardı.

Mısırlılar tuzu natron adı verilen bir madde elde etmek için kullanıyorlardı. Bu maddeye de kutsal tuz diyorlardı. Natronu (liderleri olan) firavunların cesetlerini mumyalamak için kullanıyorlardı! Ayrıca bilim insanları Mısır'daki mezarlarda ahşap kaplar içerisinde sofra tuzu da bulmuştur.

Bunun yanı sıra Mısırlılar ilk kez et ya da balık **tuzlaması** yapan insanlar da olabilir. Tuzlama, yiyecek saklamanın yollarından biridir. Tuz, yiyeceklerin bozulmasını engeller. Bunu etin veya balığın suyunu çekip içlerindeki bakterileri (mikropları) öldürerek yapar.

▶ MÖ yaklaşık 1400'lü yıllara ait bu Mısır mezar resminde bir kadın tuz ve ekmek taşırken görülüyor.

MÖ 2000-1000

Eski Mısırlılar balık ve et tuzlaması yapıyor, cesetleri mumyalamak için tuz kullanıyor.

MÖ 3000 MÖ 2500 MÖ 2000 MÖ 1500

14. yüzyılda İtalya'ya ait bu resimde bir tuz tezgâhı görülüyor. Tuz o kadar değerlidir ki zaman zaman tuza beyaz altın denir.

Eski Roma'da tuz

Tuz Eski Roma'da da önemli bir role sahipti. Romalılar şehirleri tuzlaların yakınına kurardı. İlk büyük Roma yolu *Via Salaria* ya da diğer adıyla "Tuz Yolu" idi. Bu yol Roma İmparatorluğu'nun bir ucundan diğerine (yani Roma İmparatorluğu'nun yönettiği bütün ülkelere) tuz taşımak için kullanılırdı.

Tuz ile ilgili deyişler

İngilizcede kullanılan "tuzuna değer" deyişi bir şeyin ödenen bedeli hak ettiği anlamında kullanılır. Bu ifade eski Roma'dan gelir. O zamanlar askerlere maaşları çoğu zaman tuz olarak ödenirdi. İngilizcedeki "maaş" anlamına gelen ve "salt" (tuz) sözcüğü ile benzerlik gösteren "salary" sözcüğü de bu uygulamadan gelmektedir. Romalılar ayrıca âşık olan kişiler için "tuzlanmış" anlamına gelen bir sözcük kullanırdı. Romalılar tuzla ilgili birçok ifadeye sahipti. Bu da, tuzun Romalıların günlük hayatında önemli bir rol oynadığını gösteriyor.

MÖ 27- MS 476

Roma İmparatorluğu gelişiyor. Şehirler çoğu zaman tuzlalara yakın yerlerde kuruluyor.

MÖ 1000 | MÖ 500 | 0 | MS 500

Günümüzde tuz

Günümüzde tuz her zamankinden fazla bulunur. Geçen 200 yılda insanlar devasa tuz **yatakları** bulmuştur. Ancak bu, tuzun daha az değerli hâle geldiğini göstermez.

Tuz ve Amerikan İç Savaşı

Tuz, Amerikan İç Savaşı'nda rol oynamıştır. Bu savaş 1861 ile 1865 yılları arasında kuzey ve güney eyaletleri arasında yaşanmıştır. O günlerde tuz, kumaşların boyanmasında, etlerin saklanmasında ve deri işlemede kullanılıyordu.

Güney, Kuzey kadar çok tuz üretmiyordu. Bu da, Kuzey'e avantaj sağlıyordu. Zaman içerisinde Kuzey Güney'e ait iki önemli tuzlayı ele geçirdi. Bu da Kuzey'in savaşı kazanmasına yardımcı oldu.

▼ Bu resim güney eyaletlerinden Georgia'da 1864'te gerçekleşen bir İç Savaş muharebesini gösteriyor.

1800'ler-günümüz
Dünya genelinde büyük tuz yatakları bulunuyor.

20 Aralık 1864
Amerikan İç Savaşı sırasında Birlik (Kuzey) askerleri Virginia eyaletinde Saltville'deki tuzlaları ele geçirip kullanılamaz hâle getiriyor.

1 Şubat 1865
Birlik (Kuzey) donanması Florida'da St. Andrews Körfezi'ndeki tuzlaları kullanılamaz hâle getiriyor.

1800 1850

Gandi'nin tuz yürüyüşü

1930'da Hindistan Büyük Britanya tarafından yönetiliyordu. Britanya tuza yüksek bir vergi koydu ve birçok Hint bundan rahatsız oldu. Hint lider Mahatma Gandi takipçilerine 322 kilometre ötedeki **tuz tavaları**na kadar öncülük etti. Tuz tavaları, tuzlu suyun kuruyup ardında tuz bıraktığı yerlerdir. Hindistan halkını kendi tuzlarını temin ederek İngiliz yönetimine karşı çıkmaya teşvik etti. Bu hareket güçlü bir mesaj verdi ve bir **devrim**e ilham kaynağı oldu. Hindistan, Büyük Britanya'dan bağımsızlığını kazandı. Tuz bugün Hindistan'da hâlâ bir bağımsızlık simgesi olarak görülür.

Tuzun karanlık tarafı

Tuza bu kadar çok talep olduğundan tuz elde etmek için işçilere ihtiyaç vardır. Tuz **madenciliği** zor ve tehlikeli bir iş olabilir. Dönem dönem mahkûmlar tuz madenlerinde çalışmaya zorlanmıştır. Afrikalı köle **ticareti** de tuz üretimiyle ilişkilidir. Birçok Afrikalı, Amerika Birleşik Devletleri'ndeki ve başka ülkelerdeki tuz madenlerinde çalışmaya zorlanmıştır.

Gandi ünlü tuz yürüyüşünde destekçilerine tuz tavalarına doğru öncülük ediyor.

1930

Hint lider Mahatma Gandi, İngiliz yönetimine karşı barışçıl bir başkaldırı olarak destekçilerine tuz tavalarına doğru önderlik ediyor.

1900 1950

Tuzun Geleceği

Bu kadar basit bir nesneye göre tuzun tarihçesi çok şaşırtıcıdır. Tuz para olarak kullanılmış, Eski Mısır'da cesetleri saklamaya yaramış ve soğutucular icat edilmeden önce et ve balığın güvenle korunmasını sağlamıştır. Ancak günümüzde en önemli mesele tuzun sağlık üzerindeki etkileridir.

Çok fazla tuz tüketmenin tehlikeleri

Doktorlar insanların günde 2300 miligramdan fazla **sodyum** tüketmemesi gerektiğini söylüyor. Bu da yaklaşık bir çay kaşığı tuza denk geliyor. Amerika Birleşik Devletleri'nde insanların çoğu günde bir buçuk ila iki çay kaşığı arası tuz tüketiyor ki bu çok fazladır! İnsan vücudunun ihtiyacı olan tuz günde bir çay kaşığının dörtte biri kadardır.

Çok fazla tuz tüketildiğinde vücut daha fazla sıvı tutar. Bu, kalbin sıvıları vücuda pompalamak için normalden daha fazla çalışmasına neden olur. Bu da, kalp hastalıklarına neden olabilir. Yüksek **tansiyon**u olan kişilerin tuz tüketimi konusunda daha dikkatli olmaları gerekir.

Tuzu azaltmak

Siz ve aileniz tuz yerine baharatlar ve taze otlar kullanarak tuz tüketiminizi azaltabilirsiniz. İşlenmiş, yani hazır gıdalardan uzak durmak da bu konuda size yardımcı olur. Cips, şarküteri ürünleri ve konserve yiyecekler gibi işlenmiş gıdaların ve ayaküstü yenilen hazır yiyeceklerin içindeki tuz oranı çok yüksektir. Tipik bir hazır yiyecek olan peynirli hamburgerde yarım çay kaşığından fazla tuz vardır. Bu miktar bir kişinin bütün gün alması gereken tuzun yarısından fazladır!

Yine de tuzun soframızda önemli bir yeri vardır. Güzel yemeklerin tadını daha da güzelleştirir. Yemeklerinize tuzla lezzet katmaya devam edebilirsiniz. Sadece ölçüyü kaçırmamaya dikkat edin!

◀ Yemek pişirirken taze otlardan yararlanmak tuzu azaltmanın sağlıklı bir yoludur.

Zaman Tüneli

Tarihler çoğunlukla yaklaşık olarak verilmiştir.

MÖ 7000

MÖ 2000-1000

Eski Mısırlılar tuzu, et ve balık **tuzlamak** ve cesetleri mumyalamak için kullanıyor.

MÖ 2000

MÖ 1000

1. Yüzyıl

Romalı **tarihçi** Flavius Josephus tuzun sağlığa faydaları hakkında yazılar yazıyor.

MÖ 27- MS 467

Roma İmparatorluğu gelişiyor.

MÖ 250

Çin'de ilk **tuzlu su** kuyuları kullanılıyor.

0

1750

1775

1798

İngiliz şair Samuel Taylor Coleridge içinde ünlü "Su, nereye baksan yalnızca su, ama hiçbir yerde yok içecek bir damla," mısrasını barındıran "Yaşlı Gemici" adlı şiiri yazıyor.

1800

1800'ler-günümüz

Dünyanın dört bir yanında geniş tuz yatakları bulunuyor.

1825

1950

1975

1990'ların sonu/2000'ler

Doktorlar insanlara daha az tuz tüketmelerini söylüyor; insanların beslenmesinde tuza çok fazla yer verilmesi endişelere neden oluyor.

2000

Bu sembol zaman tünelinde bir ölçek değişikliği olan veya önemli bir gelişme yaşanmadığı için uzun zaman aralıklarının atlandığı yerleri gösterir.

MÖ 6000

İşçiler Çin'de bulunan Shanxi **tuzla**larında tuz topluyor. Bir su birikintisinin yüzeyinden tuzu çekerek toplama metodu kullanılıyor. Okyanus suyunu kaplara toplayıp kaynatarak tuz elde etme yöntemi de kullanılıyor.

MÖ 6000

MÖ 5000

MÖ 4000

MÖ 3000

1000 CE

1700

1725

20 Aralık 1864

Birlik (Kuzey) askerleri Virginia eyaletindeki Saltville'deki tuzlaları ele geçirip kullanılamaz hâle getiriyor.

1 Şubat 1865

Birlik (Kuzey) donanması Florida'daki St. Andrews Körfezi'ndeki tuzlaları kullanılamaz hâle getiriyor.

1850

1875

1906

ABD'de Detroit'te yer altı tuz madenciliği başlıyor.

1930

Hint lider Mahatma Gandi İngiliz yöneticilere karşı barışçıl bir protesto olarak destekçilerine **tuz tavaları**na kadar öncülük ediyor.

1900

1925

Sözlük

buharlaşmak Kurumak. Deniz suyu buharlaştığında ardında tuz bırakır.

çözünmek Parçalanmak. Tuz, suda kolayca çözünür.

devrim Bir yöneticiyi iktidardan düşürme eylemi. Tuz Hindistan'ın Büyük Britanya'ya karşı gerçekleştirdiği devrimde önemli rol oynamıştır.

hücre Bir canlının en küçük yapı birimi. Bütün bitkiler ve hayvanlar hücrelerden oluşur.

iri (taneli) Olağandan büyük. Deniz tuzunun taneleri iridir.

kristal Belli bir düzene göre, tekrar eden bir örüntüye sahip küçük parçalardan oluşan katı nesne. Tuz kristalleri küçük ve ince ya da büyük ve kaba olabilir.

madencilik Bir madeni kazıp çıkararak veya başka şekilde topraktan almak. Tuz madenciliği yapan şirketler, kaya tuzu çıkarır.

mineral Doğada bulunan ve kristallerden oluşan katı madde. İnsan vücudunun çalışabilmek için çok çeşitli minerallere ihtiyacı vardır.

sodyum Bir metal. Sodyum ve klorür birleştiğinde tuz oluşur.

tansiyon Damarlardan ve arterlerden akan kan basıncının ölçüsü. Tuz oranı yüksek bir beslenme tansiyonu yüksek olan kişiler için tehlikelidir.

tarihçi Tarih üzerine çalışan kişi. Romalı tarihçi Flavius tuz hakkında yazılar yazmıştı.

ticaret Mal alıp satma işi. Tuz ticareti binlerce yıldır sürdürülüyor.

tuz tavası Deniz suyunun kuruyup ardında tuz bıraktığı yer. Eski insanlar tuz tavalarından tuz toplarlardı.

tuzla Tuzun yerden çıkarıldığı bölge. En eski tuzlalar 8000 yıl öncesinde kullanılıyordu.

tuzlamak Et ve balık gibi yiyeceklerin bozulmasını engellemek için tuzla kaplamak.

tuzlu su İçinde erimiş olarak tuz bulunan sıvı. Bazı hayvanlar tuz ihtiyaçlarını tuzlu su içerek giderir.

yatak Doğal süreçler sonucu oluşan madde birikintisi. Büyük tuz yatakları önemli tuz kaynaklarıdır.

Dizin

Görseller

Yayıncı kuruluş, telif hakkına konu malzemenin çoğaltılmasına izin veren ve aşağıda anılan kişi ve kuruluşlara teşekkürlerini sunar:

©AKG-images s. 25, Alamy s. iii (© Jupiter Images/Comstock Images),13;
Ancient Art & Architecture Collection Ltd., s. 22 (©R Sheridan);
Corbis s. 18 (©Wolfgang Kaehler), 9 (©NASA), 16 (© Tim Taddler),
26 (© Adam/ photocuisine); Getty Images s. 5-7 (© Michael Rosenfeld),
14 (© Mark Joseph), 19 (© Jo-Ann Richards), 20 (©AFP); iStockphoto s. 8 (© rotofrank);
Photolibrary.com s. 4-11, 15 (Stock RF/©Panaroma Media), 21;
Shutterstock s. 17 (© Maxim Godkin); © The Bridgeman Art Library s. 23-24
(© Peter Newark American Pictures/Private Collection)

Hindistan'ın Kutch bölgesinde tuzlada çalışan Koli halkından birinin fotoğrafı Corbis'in izniyle kapak fotoğrafı olarak kullanılmıştır (© Frédéric Soltan/Sygma/Corbis).

Bu kitapta kullanılan materyallerin hak sahiplerine ulaşmak için her türlü çaba gösterilmiştir. Yayıncıya bildirilmesi durumunda her türlü eksiklik sonraki basımlarda giderilecektir.